ANGELO CAPOFERRI

INVESTIRE CON LE ASTE IMMOBILIARI

La Guida dal Pignoramento
alla Partecipazione all'Asta
fino al Possesso e alla Rivendita
dell'Immobile

Titolo

"INVESTIRE CON LE ASTE IMMOBILIARI"

Autore

Angelo Capoferri

Editore

Bruno Editore

Sito internet

http://www.brunoeditore.it

Sommario

Introduzione

Oramai da diversi anni gestisco una società immobiliare che si occupa di acquisto e rivendita diretta di beni immobili, senza intermediazione; in sostanza, ritiro immobili da imprese in difficoltà o immobili da ristrutturare, che rimetto in vendita dopo aver eseguito il processo di ristrutturazione. Altri immobili, invece, li acquisto alle aste giudiziarie.

Alcuni miei clienti, che hanno acquistato un immobile all'asta giudiziaria, mi hanno contattato chiedendomi se ero eventualmente interessato all'acquisto e hanno fatto questa scelta per due ragioni sostanziali: la prima, per un'erronea valutazione dei tempi in merito all'ottenimento del possesso di un bene acquistato all'asta immobiliare e dunque, avendo urgenza di usufruire del bene immobile da loro acquistato, mi hanno proposto di ritirarlo in cambio di uno già pronto e libero da subito; la seconda e più frequente, avviene in seguito ad alcuni tentativi di vendita per loro conto verso altri soggetti privati, non andati a buon fine, per problematiche relative alla situazione attuale dell'immobile e alla documentazione necessaria alla rivendita. Non riuscendo più a venirne fuori, hanno pensato di propormi il loro immobile.

Quindi, per informare il potenziale acquirente di un immobile all'asta giudiziaria su tutto quello che riguarda la scelta del bene, la partecipazione all'asta e le sue fasi, nonché la presa di possesso sul bene stesso e le fasi di un'eventuale vendita futura, ho redatto questo corso, con lo scopo di chiarire le idee sin dall'inizio e permettere di valutare esattamente le tempistiche e i costi, dal giorno in cui si decide di partecipare all'asta al giorno in cui si prende il possesso dell'immobile, e per un'eventuale rivendita nel futuro, sia esso un'abitazione, un immobile industriale o un terreno.

Buona lettura,
Angelo Capoferri

CAPITOLO 1:
Come ricercare e valutare gli immobili

La pubblicità immobiliare delle aste giudiziarie

Spesso capita, sfogliando per caso o per scelta qualche quotidiano locale o girando i canali televisivi oppure i siti internet, di imbattersi nella pubblicità immobiliare giudiziaria. Questo genere di informazione immobiliare tratta, a differenza dei classici annunci di imprese costruttrici, agenzie immobiliari o privati, solo annunci di beni immobiliari provenienti dalle aste giudiziarie, ovvero beni immobili dati in garanzia a banche o enti creditori a fronte di un prestito in denaro, finalizzato solitamente al pagamento del bene stesso dato in garanzia, i quali vengono venduti sottoponendoli a esecuzione forzata per recuperare, in parte o totalmente, il credito erogato dall'ente finanziatore che non viene più onorato da colui che l'aveva richiesto.

La maggior parte dei beni posti a esecuzione forzata proviene da questo ramo: infatti sono molti i casi di comuni cittadini che negli scorsi anni hanno acceso un mutuo per acquistare la propria casa; oggi, per colpa della crisi, vedendosi ridotto l'orario di lavoro, o addirittura avendolo perso, e aggiungendo l'aumento del costo della vita, non sono più in grado di far fronte alla rata di mutuo calcolata in base alle entrate e alle uscite mensili di qualche anno prima.

Chi ha sottoscritto un mutuo con rata variabile, in alcuni casi si è trovato con un aumento della rata di oltre il 50%; non potendo più far fronte al pagamento, accade che la banca risolve il contratto di mutuo, chiedendo al mutuatario il pagamento immediato della somma residua, oltre agli interessi. Non essendo in grado di pagare la singola rata, sarà pertanto impossibile che il mutuatario riesca a liquidare in un'unica soluzione l'intera somma di mutuo.

A questo punto il bene immobiliare viene sottoposto a esecuzione forzata, e quindi venduto tramite l'asta giudiziaria al fine di recuperare la somma di mutuo non più onorata. Lo scopo dell'asta è di rilevare il maggior numero possibile di offerenti interessati per ricavare il più possibile dalla vendita del bene: se l'immobile venisse venduto per trattativa privata l'unica offerta sarebbe quella del soggetto in questione, mentre con il metodo dell'asta tutti possono partecipare e il bene, essendo conteso tra più soggetti interessati, aumenta di prezzo e verrà assegnato al soggetto che formula l'offerta più alta.

Gli altri rami che alimentano il settore delle aste giudiziarie sono i fallimenti e le divisioni giudiziali. Nel caso del fallimento, il cui significato è già incluso nella parola stessa, e penso da tutti conosciuto, vengono venduti i beni di un'impresa o un'azienda che fallisce al fine di ricavare la maggiore somma possibile per sanare i debiti lasciati dall'azienda fallita: nei confronti di fornitori di servizi o materie prime e accessori per l'azienda, clienti che hanno ricevuto danni per la mancata erogazione di servizi o fornitura di beni secondo un contratto stipulato con l'azienda fallita, banche ed enti creditori che hanno erogato finanziamenti all'azienda insolvente.

Nel caso invece della divisione giudiziale, vengono venduti col metodo dell'asta giudiziaria, sempre allo scopo di ricavare dalla vendita il più possibile, quei beni che o per loro natura, o per mancato accordo delle parti che li contendono, non possono essere divisi equamente tra i contendenti, dividendo poi il ricavato della vendita in base alle quote spettanti.

Per esempio, consideriamo una casa che viene lasciata in eredità a più eredi: nel caso che non possa essere divisa in parti uguali, ciascuna delle quali permetta ad ogni singolo erede il pieno, idoneo ed efficiente godimento della parte ricevuta; nel caso che nessuno degli eredi si faccia carico di acquisire per intero il bene liquidando in denaro gli altri compartecipanti e dando a ciascuno una quota rappresentante il valore della quota spettante sul bene, oppure i compartecipanti non accettano la proposta di liquidazione della propria quota perché non ritengono idoneo il valore che viene proposto dal soggetto che acquisisce il bene, allora viene nominato un giudice il quale incarica un tecnico di valutare il bene e da lì verrà venduto col metodo dell'asta giudiziaria, assegnando poi a vendita ultimata una somma di denaro a ciascun erede in base alle quote di spettanza sul bene.

Spiegati i vari settori che alimentano le aste giudiziarie, vediamo ora dove trovare le pubblicazioni relative. Presso la Cancelleria delle Esecuzioni di ciascun tribunale è presente una bacheca dove sono affissi e si possono consultare gli avvisi di vendita dei beni immobili posti all'asta.

Senza doversi recare in tribunale, perdendo ore di tempo prezioso o di lavoro – anche se la cancelleria del tribunale rappresenta la fonte più completa di informazioni sulle vendite giudiziarie – periodicamente i quotidiani locali convenzionati col tribunale competente pubblicano gli avvisi di vendita dei beni immobili. Il quotidiano pubblica solo un estratto sintetico di informazioni sulla vendita, ma indica poi un riferimento preciso dove acquisire tutte le informazioni complete, indicando anche un eventuale sito internet su cui reperire i dettagli e i recapiti dell'ente che si occupa della vendita giudiziaria (tribunale, notaio, avvocato o associazione delegata alle operazioni di vendita).

Recentemente stanno nascendo anche dei canali televisivi, convenzionati con i tribunali, che illustrano, proprio come i quotidiani locali, gli annunci delle vendite giudiziarie e indicano eventuali siti internet o i recapiti degli enti competenti per reperire tutte le informazioni complete.

SEGRETO n. 1: per prima cosa occorre conoscere le fonti che forniscono l'elenco dei beni immobili sottoposti a vendita giudiziaria e sapere dove trovare gli annunci delle vendite e le informazioni in dettaglio.

Come selezionare i beni immobiliari di nostro interesse

Trovati gli annunci immobiliari dell'asta giudiziaria, siano essi in cancelleria del tribunale, sul giornale locale, in TV o sui siti internet, vediamo ora come selezionare e valutare quelli di nostro interesse.

Funziona come quando ci si affida all'agenzia immobiliare o all'impresa di costruzioni, con la differenza che, in questo caso, non si ha di fronte un esperto con un pacchetto di immobili il quale, annunciate le nostre richieste, ci risponde proponendoci ciò che ritiene più adatto, ma dobbiamo gestire da soli la scelta di ciò che è meglio per noi tra un pacchetto di immobili, senza nessuno che ci faccia da guida.

La fonte di informazioni più facile su cui cercare è sicuramente il giornale, in particolar modo per i meno esperti. Infatti gli annunci sono divisi dapprima per categoria (abitazioni, locali commerciali, immobili industriali e terreni) e in ogni categoria sono disposti in ordine alfabetico per singolo comune.

Le informazioni sul giornale sono fisse e in caso di incomprensione possono essere lette e rilette, si possono evidenziare a penna quelle che ci interessano, a differenza dei canali televisivi dove gli annunci vengono trasmessi una sola volta. Pertanto se sfugge qualche dettaglio bisogna aspettare i giorni successivi alla stessa ora e allo stesso minuto per riascoltare le informazioni.

Stessa cosa per i siti internet: chiedono di inserire i dettagli dell'immobile desiderato per scremare la ricerca, in quanto, tra migliaia di annunci, consultando tutto il cumulo di beni, si finisce per non capire più niente, senza considerare la dispersione di tempo (non si parla di minuti, ma di mezze giornate passate a cercare nella catasta degli annunci senza inserire dei parametri).

Specialmente per chi è meno esperto con l'uso di Internet e con gli annunci immobiliari giudiziari, l'erroneo caricamento di un solo paramento (prezzo, luogo, data asta, vani immobile, tipologia ecc.) può escludere dai risultati della ricerca l'immobile di proprio interesse.

Per quanto riguarda la cancelleria del tribunale, ci vuole molta pazienza: purtroppo è difficile che gli avvisi di vendita siano ordinati secondo un parametro. Di solito vengono disposti in ordine di pubblicazione, ma è sufficiente che li consulti un utente un po' disordinato e l'ordine viene automaticamente scompigliato. Non c'è quindi un vero parametro che li raggruppi, semplicemente bisogna "cercare nel mucchio" sfogliandoli uno a uno. Il metodo più semplice e pratico, a parer mio, è la consultazione degli avvisi di vendita pubblicati sul giornale.

SEGRETO n. 2: una volta individuate le fonti di informazione degli annunci e identificata quella più adatta, occorre scremare gli annunci presenti selezionando solo i beni di nostro interesse.

Quindi, selezionata la fonte degli annunci immobiliari tramite la quale cercare, il primo passo è scegliere la categoria di nostro interesse, per esempio "Abitazioni" se cerchiamo una casa per civile abitazione, e da lì cercare nei comuni di nostro interesse entro un determinato raggio chilometrico: considerato il comune dove attualmente si abita o dove si vuole andare ad abitare, è opportuno considerare una serie di comuni limitrofi entro i quali si potrebbe valutare l'acquisto del bene di interesse, nel caso non sia disponibile sul comune di interesse iniziale.

Questo succede spesso nel caso delle vendite giudiziarie, perché a differenza dell'agenzia immobiliare che tratta quasi tutti gli immobili in vendita in un determinato comune, l'asta giudiziaria tratta solo quelli da vendere in maniera forzosa per il recupero di un credito, decisamente molti ma molti meno di quelli in vendita liberamente per volontà dei privati e delle imprese costruttrici; pertanto può accadere che nel periodo in cui cerchiamo un determinato immobile in uno specifico comune non ce ne siano. Era magari disponibile sei mesi prima ed è già stato venduto e serviranno anni prima che se ne trovi un altro disponibile. La scelta di beni nel mercato delle aste giudiziarie è molto più restrittiva rispetto a quella delle vendite immobiliari tradizionali: occorre quindi valutare anche i comuni limitrofi.

La perizia dell'immobile: cos'è e come consultarla

La perizia non è altro che un documento redatto da un tecnico (di solito geometra, ingegnere o architetto) nominato dal giudice dell'esecuzione immobiliare o dal giudice fallimentare, il quale, ricevuta la nomina, presta un giuramento con il quale accetta l'incarico e assicura di svolgere il proprio compito per il solo scopo di far conoscere al giudice la verità. Per verità si intende la situazione attuale dell'immobile e la storia dell'immobile in questione.

Il giudice formula quindi dei quesiti cui il tecnico dovrà rispondere: l'insieme delle risposte permetterà di conoscere tutto ciò che riguarda l'immobile, da quando è nato sino al momento in cui il tecnico redige la perizia, sia per quanto riguarda il punto di vista costruttivo dell'immobile, sia per quanto riguarda i diritti reali e le formalità pregiudizievoli gravanti sul bene.

La perizia è composta da una prima parte formata da un testo scritto, in cui il relatore riporta i quesiti richiesti dal giudice dell'esecuzione e le relative risposte. La seconda parte della perizia è formata dagli allegati, ovvero tutti quei documenti riguardanti l'immobile, dai quali il tecnico ha ricavato le informazioni per rispondere ai quesiti posti dal giudice dell'esecuzione.

Il tecnico quindi, ricevuto l'incarico e i quesiti cui rispondere, si reca presso l'ufficio tecnico del comune ove è ubicato il bene per raccogliere tutte quelle informazioni che riguardano la costruzione del bene: permessi di costruire, permessi di costruire in sanatoria, condoni abitabilità/agibilità, DIA per opere minori ecc. Questo permette infatti di risalire alla concessione edilizia originaria che ha dato origine all'immobile, quindi alla data in cui è stato edificato e tutti i successivi permessi tramite i quali è stato modificato per portarlo alla situazione odierna.

C'è da far presente che non è detto che lo stato attuale dell'immobile sia corrispondente a quello autorizzato dai documenti del comune: in questo caso il tecnico segnalerà le difformità esistenti, le quali potranno essere regolarizzate dall'acquirente, a propria cura e proprie spese, dopo essersi aggiudicato all'asta l'immobile e dopo averne preso possesso.

Nel caso in cui non vi sia una concessione edilizia originaria, ma solo concessioni per ristrutturazioni recenti o addirittura non vi sia documentazione alcuna, il tecnico segnalerà, in base a elementi presuntivi, la data della costruzione dell'immobile. Infatti, prima del primo settembre 1967 non vi era l'obbligo di presentare la richiesta di concessione edilizia, pertanto, in merito agli immobili costruiti antecedentemente a quella data, sarà difficile reperire la documentazione comprovante la costruzione originaria del bene.

In questo caso è sufficiente una dichiarazione dell'attuale proprietario (esecutato) il quale certifica che il bene in oggetto è stato costruito in data antecedente al primo settembre 1967. Nel caso in cui invece, da elementi presuntivi, l'immobile ha una data recente, successiva al primo settembre 1967, e non si trova concessione edilizia alcuna, può essere che il comune abbia smarrito la pratica contenente la concessione edilizia, oppure che l'immobile sia stato realizzato abusivamente senza richiedere la relativa concessione.

In questo caso il tecnico segnalerà il problema nella perizia e sarà cura dell'acquirente, ad asta aggiudicata, una volta divenuto proprietario, farsi carico di indagare sulla situazione al fine di regolarizzare il tutto, sempre a propria cura e spese.

Una volta eseguito il sopralluogo presso l'ufficio tecnico del comune, il tecnico si reca presso il Catasto (terreni e/o fabbricati), al fine di reperire le planimetrie rappresentanti il bene in oggetto. Anche qui verificherà se quanto rappresentato corrisponde allo stato attuale. Se ciò non corrisponde, il tecnico segnalerà il problema.

Alcuni giudici dell'esecuzione, a seconda del tribunale per cui operano, chiedono al tecnico incaricato, ove riscontra difformità tra la situazione attuale e la situazione catastale, di redigere una nuova planimetria rappresentante lo stato di fatto attuale. Sarà poi cura del futuro acquirente, una volta divenuto proprietario, regolarizzare la situazione dal punto di vista urbanistico, cioè a livello di concessione edilizia, se necessario. Se invece l'adeguamento riguarda solo la scheda catastale, il problema è automaticamente risolto.

Nei casi in cui al Catasto non risulti alcuna scheda catastale, e quindi il bene non risulta accatastato, il tecnico dovrà necessariamente presentare l'accatastamento del bene, in quanto il bene immobile, per essere valutato, deve in qualche modo essere rappresentato.

Questo garantisce all'acquirente di avere una scheda catastale rappresentante il bene che vuole acquistare, sia esso costruito regolarmente o abusivamente (non autorizzato o autorizzato diversamente da come realizzato). Infatti, sarà proprio con quella scheda catastale che egli potrà recarsi presso l'ufficio tecnico del comune per chiedere di regolarizzare la situazione dal punto di vista urbanistico, se necessario.

Eseguito l'accertamento presso il Catasto, il tecnico esegue un controllo presso la Conservatoria dei Registri Immobiliari. Qui reperisce tutte le informazioni relative a ipoteche, pignoramenti, passaggi di proprietà e diritti reali gravanti sul bene immobile in oggetto. Questo è molto importante perché il giudice ha necessità di conoscere tutti i gravami attivi sul bene, nonché quelli passati (ipoteche e pignoramenti). Questo perché, in base alle ipoteche gravanti sul bene, si determina chi sono i creditori che avranno diritto di dividere la somma ricavata dalla vendita del bene all'asta; inoltre, ad aggiudicazione dell'asta avvenuta, il giudice ordinerà la cancellazione dei gravami ipotecari e del pignoramento.

Un'ulteriore verifica da parte del tecnico, in molti casi, è necessaria anche presso l'Agenzia delle Entrate, al fine di accertare se sono depositati dei contratti di locazione in merito all'immobile pignorato. Se esistenti, il tecnico indicherà l'esistenza e gli estremi di tale contratto, e ne terrà conto nella valutazione finale del bene.

Reperita tale documentazione, il tecnico prende contatto con gli esecutati al fine di effettuare un sopralluogo sul posto per visionare il bene immobile, e confrontare se ciò che si presenta attualmente corrisponde con quanto autorizzato (dal Comune) e con quanto rappresentato (al Catasto). È dovere del tecnico scattare più foto, sia all'interno che all'esterno del bene immobile, in cui si dimostri la situazione attuale, bella o brutta che sia. In tale occasione il tecnico verifica anche da chi è occupato l'immobile: dagli esecutati, da persone in merito a un contratto di locazione registrato, da persone in merito a un contratto non registrato o da accordi verbali con l'esecutato, o infine da persone non aventi alcun titolo.

Nel caso in cui l'esecutato o gli occupanti del bene rifiutino di dare informazioni al tecnico o di fargli visionare l'immobile, o nel caso l'immobile non sia occupato più da nessuno e quindi chiuso e in stato di abbandono, il tecnico può agire in due modi: può richiedere al giudice di farsi assistere dalla forza pubblica e da un fabbro per entrare nell'immobile, accedendo in modo forzoso contro la volontà degli occupanti, oppure nel caso che nessuno possa aprire perché l'immobile è in stato di abbandono, e quindi procedere a visionare il bene; oppure nel caso che il tecnico ritenga di poter comunque determinare il valore del bene affidandosi alla documentazione reperita e visionandolo dall'esterno, determinerà il valore senza la necessità di recarsi all'interno dell'immobile.

Questa strada è sicuramente la più veloce per chi redige la perizia ma la più rischiosa per chi compra: infatti la valutazione è fatta su pochi elementi certi e su molti presuntivi, e c'è il rischio che una volta aggiudicata l'asta e preso possesso dell'immobile, il nuovo proprietario trovi all'interno una situazione diversa da quella presuntivamente indicata dal tecnico, diversa quindi dalle proprie aspettative e, magari, dalle proprie necessità.

In questo caso purtroppo all'acquirente non resta che consolarsi accettando la situazione che trova. Infatti non si può rivalere su alcuno. Buona cosa per chi acquista è quindi verificare questo particolare, a parer mio molto importante.

SEGRETO n. 3: una volta selezionati i beni di vostro interesse, occorre imparare a valutarli e individuarli attraverso la lettura della perizia immobiliare, cercando in essa le informazioni sul bene.

Nella prima parte della perizia troveremo quindi le informazioni che finora ho illustrato, derivanti dalla corrispondenza tra le autorizzazioni e le rappresentazioni cartacee trovate dal tecnico presso gli uffici competenti, e quanto trovato sul luogo ove è ubicato il bene immobile oggetto di esecuzione. In seguito troveremo la valutazione del bene immobile: il tecnico, infatti, tenendo conto delle informazioni trovate (età dell'immobile, stato attuale: ottimo, discreto o pessimo, occupazione, luogo in cui si trova, superficie), formulerà un valore da attribuire al bene.

Questo valore rispecchia il bene nello stato in cui si trova. Solitamente, questo prezzo è la base di partenza per la prima asta. Se la prima asta non va a buon fine, si procederà a fissare nuove vendite riducendo il prezzo.

Con la valutazione del bene si conclude la prima parte della perizia, ovvero quella redatta dal tecnico rispondendo ai quesiti posti dal giudice dell'esecuzione. Da qui inizia la seconda parte della perizia, ovvero quella degli allegati. Infatti qui il tecnico allegherà tutti i documenti reperiti: concessioni edilizie, agibilità, scheda catastale, informazioni sulle ipoteche e sui passaggi della proprietà ricavate dalla Conservatoria dei Registri Immobiliari, eventuale richiesta di accesso forzoso e relativo verbale di svolgimento delle operazioni ecc., infine le foto interne ed esterne scattate all'immobile durante il sopralluogo.

La quantità del materiale allegato dipende sia dall'età dell'immobile (più l'immobile è vecchio, più è probabile che abbia subito passaggi di proprietà e ristrutturazioni, quindi sarà maggiore la documentazione allegata), sia dalla natura e dal contesto dell'immobile stesso (se l'immobile è inserito in un contesto condominiale avrà sicuramente più documentazione rispetto a un terreno o a un immobile singolo).

L'attestato di certificazione energetica dell'immobile (ACE)

L'ACE, ovvero l'attestato di certificazione energetica, è un documento rilasciato da un tecnico abilitato, iscritto all'albo dei certificatori energetici (geometra, ingegnere o architetto) il quale, effettuato un sopralluogo presso l'immobile in questione, redige tale certificato ove l'immobile ha i requisiti.

Il certificato è obbligatorio per tutti gli immobili aventi un impianto di riscaldamento funzionante. Non è necessario infatti negli immobili senza impianto di riscaldamento oppure aventi l'impianto ma privi della caldaia (generatore). Dal primo luglio 2009 sussisteva l'obbligo di allegare l'attestato di certificazione energetica al rogito notarile, al solo fine di informare l'acquirente della classe energetica dell'immobile che stava acquistando e del fabbisogno energetico per riscaldare l'immobile oggetto di acquisto.

La nuova normativa ha introdotto dal primo gennaio 2012 l'obbligo di inserire la classe energetica anche negli annunci di pubblicità immobiliare e nei cartelli. Pertanto, il proprietario dovrà far redigere l'attestato nel momento in cui decide di vendere l'immobile e non più in fase di preparazione del rogito, in quanto i dati del certificato devono essere inseriti già nella pubblicità di vendita, pena una sanzione pecuniaria da 1000 a 5000 euro.

A questo fa eccezione la pubblicità giudiziaria. Infatti, oltre a non avere l'obbligo di citare la classe energetica negli annunci pubblicitari degli immobili, alcuni tribunali non predispongono neanche l'attestato di certificazione energetica dell'immobile nel plico di allegati della perizia.

Quando la richiesta di produrre l'attestato di certificazione energetica è presente nei quesiti posti dal giudice al tecnico incaricato, questo redigerà a propria cura il certificato se egli è un certificatore abilitato, oppure lo farà redigere da una terza persona abilitata nel caso in cui egli non sia un certificatore abilitato, e allegherà l'attestato alla perizia dell'immobile.

L'attestato di certificazione energetica in sostanza è suddiviso in otto classi: A+, A, B, C, D, E, F, G. Viene assegnata all'immobile quella di appartenenza, in base al fabbisogno di cui esso necessita per essere riscaldato. Sono considerate ottime le classi A+, A, B; buone le classi C, D; scarse le classi E, F; pessima la classe G.

Sarà quindi poco disperdente un immobile di classe ottima o buona, molto disperdente uno di classe scarsa o pessima. La dispersione, infatti, dipende dallo spessore dei muri e dal loro isolamento, dall'esposizione al sole, dai serramenti, dal tipo di vetri e anche se dal lato opposto della parete (sia per le pareti ai lati che per i pavimenti e i solai) vi è un volume d'aria riscaldato o meno. L'attestato di certificazione energetica riporta anche il fabbisogno termico per la climatizzazione estiva e la percentuale di anidride carbonica immessa nell'atmosfera.

SEGRETO n. 4: nei casi in cui viene redatta la certificazione energetica, è necessario capire cos'è per focalizzare più in dettaglio l'attenzione sugli immobili migliori selezionati.

Gli immobili sottoposti a custodia

Ora che abbiamo imparato a cercare gli immobili e valutarli attraverso la perizia e l'attestato di certificazione energetica, siamo giunti al passo finale: capire quali si possono visionare internamente e quali no per poi procedere all'acquisto.

Solitamente il debitore è nominato custode dell'immobile fino al momento della vendita, in tanti casi però, siccome egli oppone resistenza a far visionare l'immobile agli eventuali interessati all'acquisto, viene nominato un custode diverso dal debitore. Quest'ultimo viene nominato anche nei casi in cui l'immobile sia libero da persone e cose. Il custode diverso dal debitore, se presente, viene indicato sia nella pubblicità (giornale, TV e Internet) sia nell'avviso di vendita, comprensivo di recapiti e modalità per essere contattato. Basterà contattarlo e prendere un appuntamento presso il bene immobile in questione nel giorno e orario stabiliti, ed egli procederà a farvi visionare il bene all'interno, sia esso libero o occupato. Visto, dove possibile, il bene anche al suo interno, se soddisfa le aspettative non resta che partecipare all'asta.

SEGRETO n. 5: una volta analizzate tutte le caratteristiche degli immobili su carta, bisogna capire quali si possono visionare all'interno e quali no, per poi procedere alla scelta dell'asta cui partecipare.

RIEPILOGO DEL CAPITOLO 1:

- SEGRETO n. 1: per prima cosa occorre conoscere le fonti che forniscono l'elenco dei beni immobili sottoposti a vendita giudiziaria e sapere dove trovare gli annunci delle vendite e le informazioni in dettaglio.
- SEGRETO n. 2: una volta individuate le fonti di informazione degli annunci e identificata quella più adatta, occorre scremare gli annunci presenti selezionando solo i beni di nostro interesse.
- SEGRETO n. 3: una volta selezionati i beni di vostro interesse, occorre imparare a valutarli e individuarli attraverso la lettura della perizia immobiliare cercando in essa le informazioni sul bene.
- SEGRETO n. 4: nei casi in cui viene redatta la certificazione energetica, è necessario capire cos'è per focalizzare più in dettaglio l'attenzione sugli immobili migliori selezionati.
- SEGRETO n. 5: una volta analizzate tutte le caratteristiche degli immobili su carta, bisogna capire quali si possono visionare all'interno e quali no, per poi procedere alla scelta dell'asta cui partecipare.

CAPITOLO 2:
Come partecipare all'asta immobiliare

L'asta immobiliare: dove si tiene e come partecipare

Importante è ora capire lo svolgimento di tutte le fasi dell'asta: sebbene la vendita sia regolata dall'articolo 567 e seguenti del Codice di Procedura Civile, ogni tribunale ha il proprio sistema di svolgere le aste.

È necessario conoscere bene tutte le fasi, dalla presentazione della domanda di partecipazione o offerta, allo svolgimento dell'asta, a cosa fare dopo l'asta.

La mancata esecuzione di alcuni degli adempimenti da parte dell'offerente oppure il superamento dei termini previsti, portano a gravi conseguenze, come l'impossibilità di partecipare all'asta, la perdita di parte o tutta la cauzione e addirittura il versamento di altre somme di danno.

Tutte le informazioni riguardanti il tipo di vendita, dove verrà tenuta, da chi e soprattutto in che modo, nonché le modalità per partecipare ed eventualmente versare la differenza del prezzo ad aggiudicazione avvenuta, le troviamo nel **bando** o **avviso di vendita**. Sarà appunto da questo prezioso documento che trarremo tutte le informazioni utili su come, dove, quando e in che modo partecipare all'asta.

Sono pochi, infatti, i casi di asta tenuta in tribunale: spesso il giudice dell'esecuzione delega le operazioni di vendita a un notaio o a un avvocato, pertanto materialmente l'asta si terrà nel loro studio o presso un'associazione locale di questi professionisti (esempio: associazione notarile).

Alcuni tribunali prevedono che la cauzione, unitamente alla documentazione per partecipare, debba essere presentata entro i termini indicati direttamente presso lo studio del professionista che terrà la vendita, in altri casi invece tutto ciò deve essere presentato presso la cancelleria del tribunale competente, anche se la vendita sarà tenuta nello studio del professionista delegato o presso un'associazione.

SEGRETO n. 6: occorre capire dove si svolge l'asta, quando e da chi è tenuta, per sapere dove presentare la domanda di partecipazione o l'offerta e in quali termini.

Andiamo con ordine: prima di tutto, dall'avviso di vendita o bando, dobbiamo capire se ci troviamo di fronte a un'asta **senza incanto** o **con incanto**. Questa modalità è espressamente specificata nelle prime righe dell'avviso di vendita. Solitamente viene indicato giorno, ora, nome del professionista delegato e "vendita con incanto" o "vendita senza incanto".

Questo è importantissimo perché a seconda dell'uno o dell'altro tipo di vendita, cambia il modo di presentazione della cauzione e dei documenti, i termini in cui presentarli, nonché gli effetti in caso di aggiudicazione dopo l'asta.

Tratteremo questo dettaglio fondamentale in modo specifico; ora dobbiamo valutare attentamente una cosa importante: il giorno in cui si terrà l'asta, dove e da chi verrà tenuta. Il "dove" e "da chi" ci interessano solo per sapere esattamente dove andare, per depositare la cauzione e i documenti per partecipare, e anche per sapere dove si terrà l'asta in sé. Ma la cosa che più ci interessa è un'altra: è il giorno in cui si terrà l'asta.

Presa visione del giorno, bisogna calcolare quanto tempo intercorre dal giorno di presa visione al giorno in cui verrà tenuta l'asta. Questo al fine di ottimizzare i tempi e capire come gestire al meglio tutta la questione, ma soprattutto per capire se il tempo che abbiamo a disposizione è sufficiente per riuscire a preparare tutto entro la data dell'asta.

Preparare un'asta richiede tempo e soprattutto attenzione; nel capitolo precedente abbiamo visto nello specifico tutte le operazioni per scegliere un bene immobile che viene venduto all'asta. Solo dopo averlo valutato, e solo se lo riteniamo soddisfacente e idoneo, si passa a questa seconda fase, detta "della partecipazione".

La valutazione del bene immobile è una fase lunga e impegnativa, ma necessaria: solo così siamo in grado di sapere se possiamo partecipare a un'asta, in quanto l'immobile ha le giuste caratteristiche. Partecipare a un'asta vista all'ultimo minuto, saltando la valutazione, può portare a grossi guai dopo l'acquisto. Una volta aggiudicata, l'asta è aggiudicata: la rinuncia dopo l'aggiudicazione per conoscenza di fatti o situazioni che non rendono più il bene idoneo allo scopo per cui lo si acquistava, comporta gravi perdite economiche, immediate e future. A questo discorso ho dedicato un paragrafo specifico che vedremo in dettaglio di seguito, proprio per capire a cosa si va incontro.

Per fare le cose bene ci vuole il giusto tempo, specialmente per una persona che si avvicina per la prima volta alle aste giudiziarie. Bisogna andare per gradi. Per esempio, nel caso in cui esiste il custode del bene, per visionare il bene all'interno non si può contattare il custode la sera e pretendere che la mattina dopo egli sia a nostra disposizione per farci vedere l'immobile, in quanto l'asta è il giorno dopo e abbiamo fretta di vederlo per sapere se partecipare o meno. Serve il giusto preavviso. Anche perché, nel caso di beni occupati, il custode dovrà prendere accordi col debitore o con chi occupa il bene e fissare un incontro in base anche alla loro disponibilità, oltre che alla sua e alla nostra. Per questo serve un largo preavviso.

Insisto sempre sulla valutazione, la lettura e comprensione della perizia in tutte le sue parti, proprio perché mi sono capitati diversi casi di persone che, pensando di aver fatto l'affare della loro vita, ad aggiudicazione avvenuta mi hanno contattato chiedendomi, visto che ho una società di acquisto e rivendita di beni immobili, se ero disposto ad acquistare il loro immobile in quanto hanno scoperto alcune informazioni, solo dopo averlo acquistato, che non rendevano più possibile l'utilizzo dell'immobile da parte loro.

Per esempio, l'esistenza di un regolare contratto di affitto appena rinnovato e attesa della sua naturale scadenza, usufrutti vitalizi gravanti sul bene, nonché il debitore invalido che occupa l'immobile, impossibile da sfrattare, oppure assegnazioni della casa al coniuge separato con figli minori, nonché vincoli come costituzione di fondo patrimoniale o simili, contratti di comodato d'uso gratuiti a favore di terze persone che avevano quindi diritto di utilizzare gratuitamente la casa, persone che occupano il bene immobiliare abusivamente o senza titolo.

Chiaramente, trovare una di queste situazioni dopo aver acquistato l'immobile senza conoscerne prima l'esistenza, comporta un serio problema. Facciamo il caso che abbiate venduto la vostra casa e ne avete acquistata una nuova all'asta per abitarci, e scoprite dopo l'acquisto che le persone che la occupano hanno il diritto di rimanerci in base a una delle situazioni sopra elencate. Siete senza la casa che avete venduto e proprietari di una casa che non potete occupare. Questo sì che diventa un problema.

Un ulteriore consiglio che vi do, in caso di dubbi su questo argomento, è di chiedere consulenza a un professionista. Se siete di fronte a un dubbio simile, sicuramente un geometra, ingegnere, notaio, avvocato vi saprà fare chiarezza sulla situazione, ecco perché insisto e insisterò sempre dicendo che serve un largo anticipo per valutare un bene venduto all'asta. Credo sia meno dispendioso pagare una piccola consulenza e risolvere il dubbio, piuttosto che rischiare di acquistare una casa che poi non si può occupare.

L'asta senza incanto

Nel caso dell'asta senza incanto bisogna predisporre l'offerta su un apposito modulo, chiamato “Modulo per asta senza incanto”. L’offerente fornisce così una vera e propria offerta vincolante: sul modulo, oltre ai propri dati anagrafici e recapiti, dovrà sottoscrivere il numero della procedura esecutiva per cui intende partecipare e l’eventuale lotto (o più lotti) cui è interessato (in caso la procedura esecutiva preveda più lotti). Bisogna poi indicare il prezzo che si intende offrire, il quale non deve essere inferiore al prezzo base previsto nell’avviso di vendita, pena il rifiuto dell’offerta.

Unitamente a ciò l’offerente deve allegare un assegno circolare di importo pari al 10% del prezzo offerto (non del prezzo di partenza) in quanto egli può a suo giudizio formulare già un’offerta più alta del prezzo base, a titolo di cauzione dell’asta.

Faccio un esempio: se il prezzo di partenza di un immobile è di 100.000 euro e l’offerente offre 100.000, dovrà allegare un assegno di 10.000 euro; se il prezzo di partenza è 100.000 euro e l’offerente decide di offrirne 120.000, in questo caso dovrà allegare un assegno pari al 10% della sua offerta, pertanto di 12.000 euro. L’assegno dovrà essere circolare, emesso dalla banca. Le offerte corredate di assegni non circolari vengono rifiutate. Il modulo e l'assegno della cauzione vanno inseriti in una busta chiusa prima di essere consegnati, in quanto l'offerta è segreta. Alcuni tribunali prevedono lo stesso termine per il deposito delle offerte, sia per le aste senza incanto, sia per le aste con incanto.

Dove invece sono previsti giorni e orari diversi a seconda se dobbiamo depositare un'offerta per asta senza incanto o una domanda di partecipazione per asta con incanto, è opportuno osservare esattamente i termini per depositare i documenti per partecipare all'asta senza incanto.

L'asta senza incanto è vincolante per l'offerente, infatti una volta presentata l'offerta, se egli non si presenta all'asta ed è l'unico offerente il bene gli viene comunque aggiudicato, se invece sono presenti altri offerenti solo loro avranno il diritto di partecipare alla gara a rialzo in quanto presenti all'asta. Nel caso l'offerente sia l'unico partecipante all'asta, il bene gli viene assegnato per il prezzo che lui ha offerto.

Quando siamo di fronte all'asta senza incanto, l'aggiudicazione dell'asta ad asta chiusa è definitiva da subito, per cui sia che ci sia un unico offerente, al quale viene aggiudicata l'asta per il prezzo che ha offerto, sia che ci siano più offerenti, per cui l'asta sarà aggiudicata a chi ha effettuato l'ultimo rilancio entro il tempo utile, l'aggiudicatario potrà versare, fin dal giorno seguente, la differenza del prezzo di aggiudicazione unitamente al fondo spese per il trasferimento e la cancellazione delle formalità pregiudizievoli.

Il termine per il versamento della differenza del prezzo dell'aggiudicazione (dedotta la cauzione) di solito va dai trenta ai sessanta giorni e varia da tribunale a tribunale. È comunque espressamente specificato nell'avviso di vendita.

Per quanto riguarda il fondo spese, alcuni tribunali chiedono un importo forfettario del 15% o del 20% del prezzo di aggiudicazione, da versarsi unitamente alla differenza del prezzo di aggiudicazione, dal quale storneranno poi l'eccedenza; altri tribunali invece chiedono di versare tale importo al momento della registrazione del decreto di trasferimento, in quanto sono a conoscenza dell'esatto ammontare delle spese e quindi non chiedono un importo forfettario maggiore per poi restituire la differenza, ma chiedono l'importo esatto.

In alcuni casi, dove specificato nell'avviso di vendita, qualora nella procedura sia presente un credito derivante da un mutuo fondiario, il creditore procedente, ai sensi dell'art. 41 comma 4 e 5 del D.Lgs. n. 385/93, può chiedere che gli venga versata direttamente la parte derivante da credito, interessi e spese del mutuo, mentre la residua parte dovrà essere versata nei modi e tempi previsti dal tribunale.

Se l'aggiudicatario non versa nei termini indicati la differenza del prezzo di aggiudicazione, per scelta o per costrizione, viene dichiarato decaduto dall'aggiudicazione. Viene innanzitutto trattenuta la cauzione da lui versata, e verrà fissata una nuova asta partendo sempre dal prezzo base previsto per la data dell'asta a cui lui ha partecipato.

Se la somma che verrà ricavata dalla nuova asta, sommata alla cauzione a lui trattenuta, è inferiore alla cifra per cui egli si era aggiudicato l'asta (non il prezzo base, ma la cifra per cui si è aggiudicato l'asta), l'aggiudicatario sarà tenuto al versamento della differenza di tale cifra.

L'asta con incanto

Nel caso dell'asta con incanto invece bisogna predisporre la domanda di partecipazione con apposito modulo, chiamato "Domanda per asta con incanto". In questo caso l'acquirente presenta una vera e propria domanda di partecipazione all'incanto: sul modulo, oltre ai propri dati anagrafici e recapiti, dovrà sottoscrivere il numero della procedura esecutiva per cui intende partecipare e l'eventuale lotto (o più lotti) cui è interessato (in caso la procedura esecutiva preveda più lotti). A differenza dell'asta senza incanto, nell'asta con incanto non va fatta un'offerta vincolante. Bisogna semplicemente presentare la domanda per chiedere di partecipare all'asta. L'offerta si farà in sede d'asta, e dovrà essere pari almeno al prezzo base aumentato del rilancio minimo previsto.

Unitamente alla domanda di partecipazione, l'offerente deve allegare un assegno circolare di importo pari al 10% del prezzo base su cui si aprirà l'asta, a titolo di cauzione. Faccio un esempio: se il prezzo base di partenza dell'asta è di 100.000 euro e il rilancio minimo previsto è di 2000 euro, l'offerente deve offrirne almeno 102.000.

SEGRETO n. 7: se ci troviamo di fronte a un'asta senza incanto dobbiamo avere ben chiaro come funziona, come presentare l'offerta e come comportarsi ad aggiudicazione avvenuta.

Ricordiamoci che alcuni tribunali prevedono lo stesso termine per il deposito della domanda di partecipazione, sia per le aste senza incanto, sia per le aste con incanto. Dove invece sono previsti giorni e orari diversi a seconda se dobbiamo depositare un'offerta per asta senza incanto o una domanda di partecipazione per asta con incanto, è opportuno osservare, in questo caso, i termini per depositare la domanda di partecipazione all'asta con incanto.

L'asta con incanto non è vincolante per l'offerente. Infatti una volta presentata la domanda di partecipazione, se egli non si presenta all'asta ed è l'unico offerente, il bene non gli viene aggiudicato; se invece sono presenti altri offerenti solo loro avranno diritto di partecipare alla gara a rialzo in quanto presenti all'asta.

Nel caso si presenti all'asta un unico offerente, il bene gli viene assegnato purché effettui almeno il rilancio minimo obbligatorio; se non effettua il rilancio, gli viene restituita la cauzione e non gli viene assegnato il bene.

Nel caso in cui l'offerente non si presenta all'asta senza documentato o giustificato motivo, la cauzione viene restituita solo nella misura di nove decimi, un decimo è trattenuto come penale.

Quando siamo di fronte all'asta con incanto, l'aggiudicazione dell'asta ad asta chiusa è provvisoria, per cui sia che ci sia un unico offerente, al quale viene aggiudicata l'asta per il prezzo base più il rilancio minimo obbligatorio, sia che ci siano più offerenti, per cui l'asta sarà aggiudicata a chi ha effettuato l'ultimo rilancio entro il tempo utile, l'aggiudicatario sarà provvisorio.

Per i dieci giorni successivi, chiunque può riaprire l'asta dal prezzo per cui è stata aggiudicata, purché presenti un'offerta migliorativa di un quinto del prezzo di aggiudicazione, presentando cauzione per il doppio di quanto previsto nella domanda di partecipazione all'asta.

Faccio un esempio: prezzo base d'asta dell'immobile 80.000 euro, vengono presentate le domande di partecipazione dagli offerenti, cauzionate per 8000 euro. L'ultima offerta su rilancio è 100.000 euro. L'asta viene aggiudicata provvisoriamente per questa cifra. Nei dieci giorni successivi chiunque può riaprire l'asta, presentando non più una domanda di partecipazione ma un'offerta migliorativa di un quinto (il modulo da presentare si chiama così) di almeno 120.000 euro, cauzionata per 16.000 euro.

Più persone possono presentare l'offerta migliorativa di un quinto, così come nella partecipazione dell'asta al prezzo base. Se la domanda di aumento viene presentata da un unico offerente, gli verrà assegnata per il prezzo da lui offerto; se sono presenti più offerenti, apriranno la gara a rilancio partendo dal prezzo che hanno offerto.

L'aggiudicatario, in questo caso, sia egli l'unico offerente oppure colui che ha formulato l'offerta più alta sulla gara al rilancio entro il tempo utile, sarà aggiudicatario definitivo, infatti non esistono più possibilità di aprire l'asta.

Anche nel caso dell'asta con incanto, per quanto riguarda il fondo spese, alcuni tribunali chiedono un importo forfettario del 15% o del 20% del prezzo di aggiudicazione, da versarsi unitamente alla differenza del prezzo di aggiudicazione, dal quale storneranno poi l'eccedenza; altri tribunali invece chiedono di versare tale importo al momento della registrazione del decreto di trasferimento, in quanto sono a conoscenza dell'esatto ammontare delle spese e quindi non chiedono un importo forfettario maggiore per poi restituire la differenza, ma chiedono l'importo esatto.

Sempre se specificato nell'avviso di vendita, qualora nella procedura è presente un credito derivante da un mutuo fondiario, il creditore procedente, ai sensi dell'art. 41 comma 4 e 5 del D.Lgs. n. 385/93, può chiedere che gli venga versata direttamente la parte derivante da credito, interessi e spese del mutuo, mentre la residua parte dovrà essere versata nei modi e tempi previsti dal tribunale. Trascorsi i dieci giorni da quando l'aggiudicatario si è aggiudicato l'asta, se non sono state presentate offerte migliorative di un quinto, egli diventa aggiudicatario definitivo. L'aggiudicatario dell'asta migliorativa di un quinto invece, come abbiamo visto, è aggiudicatario definitivo da subito.

Divenuto definitivo, l'aggiudicatario dovrà provvedere al versamento della differenza del prezzo di aggiudicazione e del fondo spese, dedotta la cauzione. Il termine di solito va dai trenta ai sessanta giorni, varia da tribunale a tribunale, è comunque espressamente specificato nell'avviso di vendita.

Se l'aggiudicatario definitivo non versa nei termini indicati la differenza del prezzo di aggiudicazione, per scelta o per costrizione, anche nell'asta con incanto viene dichiarato decaduto dall'aggiudicazione. Viene innanzitutto trattenuta la cauzione da lui versata, e verrà fissata una nuova asta partendo sempre dal prezzo base previsto per la data dell'asta a cui lui ha partecipato.

Se la somma che verrà ricavata dalla nuova asta, sommata alla cauzione a lui trattenuta, è inferiore alla cifra per cui egli si era aggiudicato l'asta (non il prezzo base, ma la cifra per cui si è aggiudicato l'asta), sarà tenuto al versamento della differenza di tale cifra.

SEGRETO n. 8: per partecipare a un'asta con incanto occorre sapere come presentare la domanda di partecipazione, cosa sono l'aggiudicazione provvisoria, l'aggiudicazione definitiva e l'aumento del quinto.

Il mutuo per acquistare all'asta: come e quando è possibile

Anche nel caso di acquisto di beni immobili all'asta, l'acquirente può chiedere un mutuo, sia per una prima casa, una seconda casa, un terreno, un bene accessorio. È necessario presentarsi alla propria banca con largo anticipo (almeno cinquanta giorni) in quanto la procedura per richiedere un mutuo, ai giorni nostri, è assai lunga e complicata.

Per chi non sapesse come chiedere un mutuo, in quanto non lo ha mai fatto, spiego brevemente come funziona la cosa. In qualsiasi caso, i documenti che la banca richiede sono: le ultime tre-quattro buste paga, il CUD – dichiarazione dei redditi: è necessario un contratto di lavoro a tempo indeterminato – e la documentazione dell'azienda comprovante.

Hanno maggiori possibilità di essere approvate le richieste in cui sono due le persone che contrarranno il mutuo, quindi due persone che lavorano a tempo indeterminato; oppure una persona che pagherà il mutuo e l'altra che presta il consenso come garante, ovvero interviene a onorare il mutuo nel caso il contraente per qualsiasi ragione non è più nella situazione di pagare le rate.

Solitamente la rata del mutuo non deve superare un terzo delle entrate generali: questo per permettere ai contraenti di condurre comunque una vita dignitosa e far fronte a tutte le spese che si incontrano lungo il cammino.

Oggi esistono delle polizze assicurative (alcune obbligatorie, altre no) le quali consentono per un periodo di tempo di coprire le rate del mutuo nel caso in cui il contraente sia impossibilitato per ragioni di forza maggiore (perdita del lavoro, malattia ecc.), in modo da permettergli di risolvere la situazione e riprendere a versare regolarmente le rate del mutuo, evitando che, per uno scoperto di qualche mese, la banca risolva il contratto e inizi la procedura esecutiva per il recupero del credito.

Nel caso in cui venga richiesto un mutuo per acquistare un immobile proveniente dall'asta, la banca fornisce mediamente solo l'80% del prezzo base d'asta indicato nell'avviso di vendita. Questo significa che purtroppo, chi non ha da parte almeno un buon 30-35% del prezzo che intende spendere per acquistare la casa e vorrebbe chiedere un mutuo totale del 100%, deve abbandonare l'idea.

L'importo da depositare come cauzione deve essere messo a disposizione da parte dell'acquirente, e in caso di non aggiudicazione, viene restituito. Questa è una delle ragioni per cui la banca fornisce un importo assai minore. Infatti, essa mutua la rimanente parte solo in caso di acquisto definito.

La banca, solo in caso di aggiudicazione, mutua l'80% richiesto inizialmente, sommato al 10% di cauzione iniziale versato dall'acquirente; rimangono ancora da versare, sempre a carico dell'acquirente, il 10% del saldo prezzo e il fondo spese forfettario (di solito 15% del prezzo di aggiudicazione, come abbiamo detto).

Questo nell'ipotesi in cui l'immobile venga aggiudicato per il prezzo base di partenza; però, data la rarità della cosa, di solito si effettuano uno o più rilanci sul bene per aggiudicarlo, e questa parte in aumento sul prezzo base sarà comunque da versarsi a carico dell'acquirente. Ricordo che la banca fornisce l'80% del prezzo base di partenza, non del prezzo definitivo di aggiudicazione.

Faccio un esempio: ipotizziamo di acquistare un immobile il cui valore di partenza sia in asta di 100.000 euro. Viene aggiudicato al prezzo base, quindi per 100.000 euro. La banca, abbiamo detto, finanzia l'80% di questo importo, pertanto 80.000 euro. L'acquirente dovrà metterci 10.000 euro come cauzione iniziale, (considerando che la cauzione è del 10% del prezzo base o del prezzo offerto). La banca mette 80.000 euro, quindi rimangono a carico dell'acquirente altri 10.000 euro come saldo prezzo e 15.000 euro come deposito forfettario per le spese di trasferimento. Se l'immobile, partito da 100.000 euro, viene aggiudicato a un prezzo superiore per il rilancio su gara in asta, per esempio 120.000 euro, la banca fornisce sempre 80.000 euro, pertanto la differenza di 20.000 euro di cui è aumentato il prezzo dell'immobile sarà dovuta dall'acquirente.

SEGRETO n. 9: per comprare una casa all'asta la banca eroga un mutuo dell'80% del prezzo di partenza. Il restante 20% e la differenza tra il prezzo base e il prezzo di aggiudicazione saranno comunque a carico dell'acquirente.

RIEPILOGO DEL CAPITOLO 2:

- SEGRETO n. 6: occorre capire dove si svolge l'asta, quando e da chi è tenuta, per sapere dove presentare la domanda di partecipazione o l'offerta e in quali termini.
- SEGRETO n. 7: se ci troviamo di fronte a un'asta senza incanto dobbiamo avere ben chiaro come funziona, come presentare l'offerta e come comportarsi ad aggiudicazione avvenuta.
- SEGRETO n. 8: per partecipare a un'asta con incanto occorre sapere come presentare la domanda di partecipazione, cosa sono l'aggiudicazione provvisoria, l'aggiudicazione definitiva e l'aumento del quinto.
- SEGRETO n. 9: per comprare una casa all'asta la banca eroga un mutuo dell'80% del prezzo di partenza. Il restante 20% e la differenza tra il prezzo base e il prezzo di aggiudicazione saranno comunque a carico dell'acquirente.

CAPITOLO 3:
Come ottenere il possesso di un bene acquistato all'asta

La differenza tra rogito notarile e decreto di trasferimento

Nel caso l'asta sia stata aggiudicata, versato quanto dovuto, nei modi e nei termini indicati, sia totalmente dall'acquirente, sia in parte dall'acquirente e in parte dalla banca come abbiamo visto in precedenza, ora il tribunale competente (o per esso il professionista delegato) provvederà al trasferimento della proprietà del bene.

Molti acquirenti, i quali magari hanno in passato già avuto esperienza per acquisti, vendite, successioni ereditarie ecc. tramite un notaio, pensano che avendo acquistato all'asta le fasi siano identiche. Invece non è così: l'efficacia è la stessa, ma cambiano le tempistiche e i modi.

Nei casi in cui l'asta sia tenuta da un avvocato, a molti sorge spontanea la domanda: «Scusi, io ho fatto altre operazioni di compravendita con un notaio, con lei che invece è avvocato, se vinco l'asta, come funziona?» e a questo punto l'avvocato delegato a compiere l'operazione di vendita con l'asta risponde.

Quando invece l'asta è tenuta da un notaio delegato a compiere le operazioni di vendita dell'asta, l'acquirente automaticamente pensa che, sia che il notaio sia stato incaricato da venditore e acquirente per compravendita volontaria, sia che il notaio tenga l'asta per conto del tribunale, alla fine sarà la stessa cosa.

In effetti è la stessa cosa, ma avviene con tempi molto più lunghi e le operazioni vengono fatte una per volta. Il decreto di trasferimento infatti, fa le veci del rogito notarile, e ha gli stessi effetti. Cambia solamente il nome in quanto viene emesso dal tribunale in merito a un'esecuzione forzata anziché da un notaio scelto per volontà delle parti per un passaggio di proprietà volontario.

La differenza sostanziale è che, nella compravendita volontaria, il termine della proprietà del venditore e l'inizio della proprietà da parte dell'acquirente avvengono in sede di rogito, mentre nel caso del decreto di trasferimento avvengono dopo che il giudice dell'esecuzione pone la firma sul decreto stesso, e questo avviene dai tre ai cinque mesi dopo che si è tenuta l'asta.

Nella compravendita volontaria, quando il notaio legge il testo dell'atto dice espressamente: «La proprietà attiva e passiva e tutti i suoi effetti decorrono a favore della parte acquirente da oggi», salvo i casi in cui le parti si erano accordate diversamente; però solitamente funziona così.

Ricordiamoci che l'asta avviene non per un evento voluto volontariamente dalle parti, ma ci troviamo di fronte a un'esecuzione forzata. Per cui, nessuno ci consegna le chiavi il giorno dell'asta come avviene dal notaio quando compriamo o vendiamo volontariamente. Magari…

Aggiudicata l'asta, infatti, abbiamo visto che dobbiamo versare la differenza del prezzo e il fondo spese, di solito entro trenta giorni.

Nel caso dell'asta senza incanto, già dal giorno seguente, nel caso dell'asta con incanto invece dobbiamo attendere i dieci giorni successivi, in quanto chiunque potrebbe presentare l'offerta migliorativa di un quinto. Dal giorno in cui possiamo versare la differenza, prima versiamo e prima vanno avanti le cose. Infatti finché il tribunale non riceve la differenza del prezzo e il fondo spese, non si attiva per l'emissione del decreto di trasferimento, in quanto l'aggiudicatario potrebbe anche non versare più nulla, e quindi decadere dall'asta.

Pertanto, se abbiamo già i soldi a disposizione, è bene evitare di aspettare il trentesimo giorno per versare la differenza, ma farlo già dal giorno seguente se l'asta era senza incanto, e l'undicesimo giorno nel caso dell'asta con incanto, dopo esserci accertati che nessuno abbia presentato offerte migliorative di un quinto. Questo per accelerare un po' i tempi, già lunghi di per sé.

Versata la differenza, il tribunale, o il professionista delegato a tenere l'asta, predispone il decreto di trasferimento. Su di esso verranno indicati gli estremi del debitore e dell'acquirente, il giorno, luogo e ora in cui si è tenuta l'asta, il prezzo per cui il bene è stato aggiudicato, il diritto reale trasferito come previsto dall'asta (proprietà, usufrutto, nuda proprietà e le relative quote di appartenenza), i dati catastali dell'immobile che viene trasferito, gli estremi della concessione edilizia che gli ha dato origine e l'eventuale agibilità/abitabilità. Nel caso in cui l'immobile è abusivo verrà indicato nello specifico cosa non è autorizzato, che dovrà poi essere sanato a cura dell'acquirente.

Vengono poi elencate tutte le formalità pregiudizievoli gravanti sul bene, ovvero ipoteche e pignoramenti. Infatti, dopo la firma del giudice dell'esecuzione, verrà ordinato alla Conservatoria dei Registri Immobiliari di cancellare tutte le trascrizioni presenti.

In ultimo, vengono segnati gli estremi di registrazione del decreto di trasferimento presso l'Agenzia delle Entrate, nonché l'importo della tassa di registro versata (3% sul prezzo di acquisto, ovvero di aggiudicazione, se l'acquirente ha richiesto le agevolazioni per la prima casa, 10% se si tratta di seconde case o altri beni, 18% se si tratta di terreni).

A questo punto dovrà essere richiesta a cura dell'acquirente una copia conforme del decreto stesso, presso il professionista delegato o presso la Cancelleria delle Esecuzioni Immobiliari del tribunale competente. Unitamente alla richiesta della copia conforme verrà richiesta l'applicazione di alcune marche da bollo per i diritti di copia e rilascio della copia conforme.

Gli importi trattenuti per le spese sono: la tassa di registro, l'imposta ipotecaria e catastale, l'importo per l'emissione del decreto, le marche da bollo da applicare alla registrazione del decreto e l'importo per la cancellazione delle formalità pregiudizievoli e dei pignoramenti esistenti.

Tutto ciò che avanza dall'importo forfettario del 15%, che l'acquirente ha versato contestualmente al saldo della differenza del prezzo, trattenuti questi costi, viene restituito all'acquirente in assegno circolare.

La tempistica, dal giorno dell'aggiudicazione dell'asta all'ottenimento del decreto di trasferimento, varia dai due-tre ai cinque-sei mesi, a seconda del tribunale competente.

SEGRETO n. 10: è importante conoscere tutte le fasi, i passaggi e le tempistiche per il rilascio del decreto di trasferimento, che trasferirà la proprietà all'acquirente sul bene acquistato.

L'entrata in possesso dell'immobile: come e quando avviene

Ottenuto il decreto di trasferimento, siamo ora proprietari a tutti gli effetti del bene aggiudicato all'asta, libero dalle trascrizioni che vi gravavano, le ipoteche e i pignoramenti.

Ora ci resta solo da prenderne il possesso: l'operazione può essere veloce oppure lunghissima: in sostanza dipende esclusivamente dallo stato di occupazione dell'immobile e dalle intenzioni degli occupanti.

Dalla perizia, siamo a conoscenza se il bene era libero o occupato. Se libero, nei pochi casi dove accade, possiamo provvedere a ritirare le chiavi presso il custode (quando presente e nominato) o la Cancelleria delle Esecuzioni del competente tribunale (quando viene sostituita la serratura, di solito le chiavi nuove vengono depositate presso la cancelleria del tribunale). Se non vi è custode, e presso la cancelleria del tribunale non sono state depositate chiavi, possiamo procedere liberamente a far sostituire la serratura da un fabbro ed entrare nella casa.

Nei casi in cui l'immobile invece è occupato, dobbiamo prendere contatto con l'esecutato che lo occupa o comunque con gli occupanti. Se l'immobile è occupato con regolare contratto di affitto, dobbiamo semplicemente limitarci a comunicare agli occupanti dell'avvenuto passaggio di proprietà del bene: nella maggior parte dei casi gli inquilini non sanno nulla. Basterà comunicare i propri dati per ricevere la riscossione del canone d'affitto. Alla scadenza naturale del contratto, secondo la normativa che ne regola il rinnovo, potremo, a nostra scelta, decidere se rinnovarlo oppure chiedere agli inquilini il rilascio dell'immobile.

Nel caso invece l'appartamento sia occupato dal debitore o da persone senza titolo, bisogna comunicare l'avvenuto passaggio di proprietà del bene immobile e vedere le intenzioni degli stessi. Anche se essi sono a conoscenza dell'asta e quindi sanno che a vendita forzosa avvenuta, divenuto l'aggiudicatario proprietario del bene, dovranno lasciare l'immobile e trasferirsi da un'altra parte, quasi nessuno inizia per tempo a preoccuparsi della questione, trovando una nuova sistemazione e organizzando già l'eventuale trasloco: aspettano tutti che si presenti qualcuno a bussare alla porta per chiedere di liberare l'immobile.

Dobbiamo tener presente che se al debitore viene espropriata la casa perché non è stato in grado di onorare le rate del mutuo, sia per cause volontarie che involontarie, o per altre questioni debitorie, sicuramente non si trova in una situazione economica tale da poter acquistare un nuovo immobile, oppure per sottoscrivere un contratto d'affitto con relativa cauzione.

Spesso e volentieri non hanno più niente, l'unica cosa che gli rimaneva era proprio il tetto sotto cui abitavano, ed è per questo che diventa problematico anche per loro trovare una nuova sistemazione, proprio per l'assenza di denaro. Anche se nel decreto di trasferimento è contenuta una formula che intima al debitore esecutato o agli occupanti senza titolo di consegnare subito il bene al nuovo proprietario, ciò non avviene così velocemente, per i motivi che abbiamo visto.

Ogni debitore è un soggetto diverso, con il proprio carattere, le proprie idee e la propria disponibilità e intenzione di collaborare o meno. Possiamo quindi trovarci di fronte a un debitore disposto a collaborare e con l'intenzione di liberare al più presto l'immobile, una volta venuto a conoscenza della situazione, come possiamo trovarci di fronte a una situazione peggiore, dove il debitore si rifiuta di consegnare l'immobile oppure si rifiuta addirittura di prendere contatti con l'acquirente.

Nel caso che il debitore sia disposto a collaborare, conviene assecondarlo: è sicuramente la strada più veloce e meno dispendiosa in termini di tempo e denaro. Se purtroppo ci si trova invece di fronte a un debitore o a un occupante senza titolo che si rifiuta di accordarsi e di rilasciare l'immobile, non resta altra scelta che lo sfratto. Questa strada è di sicuro la più dispendiosa, come tempo e come denaro, però purtroppo se è l'unica percorribile, non ci resta che adeguarci.

È necessario a questo punto recarci nuovamente presso la cancelleria del tribunale o dal professionista delegato alla vendita, e chiedere delle copie conformi del decreto di trasferimento munite di formula esecutiva. Ne serve una per ciascun debitore (se il bene è cointestato a più persone, serve una copia per ciascuno di essi).

A questo punto, ritirate le copie munite di formula esecutiva, è opportuno rivolgersi a un avvocato competente, il quale prenderà contatti con l'ufficiale giudiziario del territorio.

Anche l'acquirente può presentarsi in prima persona dall'ufficiale giudiziario con le copie del decreto da notificare, non è obbligatorio farsi assistere da un legale. Per esperienza, però, ho avuto più successo in termini di tempo ed efficacia nei casi in cui mi sono fatto assistere, rispetto a quando ho fatto da solo.

L'ufficiale giudiziario provvederà a notificare le copie del decreto di trasferimento, ovvero renderà noto agli occupanti dell'avvenuto passaggio di proprietà del bene, e fisserà una data entro la quale obbligatoriamente dovranno, in sua presenza, rilasciare il bene immobile. Ricordo che l'ufficiale giudiziario è un pubblico ufficiale a tutti gli effetti, pertanto, nei casi in cui gli occupanti si rifiutino di prendere contatti con lui all'atto della notifica, oppure sotto minaccia gli venga intimato di allontanarsi, può farsi assistere dalla forza pubblica ed entrare forzosamente nell'immobile anche abbattendo la porta. Cosa che all'acquirente in prima persona non è consentito fare.

A seconda delle intenzioni degli occupanti, nonché delle condizioni degli stessi, sarà l'ufficiale giudiziario a fissare una data di rilascio dell'immobile e a consegnarlo nelle mani dell'acquirente.

L'ufficiale deve permettere all'acquirente di prendere possesso del bene acquistato, ma allo stesso tempo deve anche tutelare gli occupanti in quanto trattasi di persone umane; deve quindi dar loro tempo e modo di trovare una nuova sistemazione dignitosa e allo stesso tempo di effettuare il trasloco; di tale situazione, infatti, ne tiene conto nella data che fissa per la liberazione definitiva dell'immobile.

SEGRETO n. 11: occorre conoscere i modi e le strategie per prendere possesso dell'immobile, sia nei casi in cui è libero, sia nei casi in cui è occupato o affittato.

Morosità nelle utenze: a chi spettano e come operare

Le ragioni che abbiamo visto prima sul tema dello sfratto, ci dovrebbero far riflettere su una questione molto importante. Se l'esecutato è arrivato al punto di farsi espropriare la casa, e non ha i soldi per comprarne un'altra, in tanti casi nemmeno non ha i soldi per accendere un nuovo contratto d'affitto dove trasferirsi per liberare la casa, come saranno i pagamenti delle utenze? E le tasse? Qual è la risposta automatica che ci viene? «Di sicuro ci sono delle pendenze sulle utenze e sulle tasse».

In molti casi è proprio così: tanti esecutati purtroppo hanno già dei guai per morosità nelle utenze nel periodo antecedente all'asta. Capita infatti che non avendo più la fornitura del gas applicano delle modifiche "fai da te" alla caldaia (spesso pericolosissime), collegando alla caldaia delle bombole a GPL per avere il riscaldamento o l'acqua calda, senza contare coloro che, non avendo l'energia elettrica, si attaccano ai contatori degli altri oppure a quello delle parti comuni del condominio.

Personalmente mi sono capitate situazioni simili, e mi sono permesso di rispondere all'esecutato: «Ma sai che in questo modo metti in pericolo la sicurezza tua e della tua famiglia, oltre che dei tuoi vicini?» Mi sono sentito rispondere: «Era solo una situazione temporanea per qualche mese, tanto sapevo che la casa sarebbe stata venduta e avrei dovuto lasciarla… Mi rendo conto che è pericoloso e ingiusto, però oramai non ho più nulla da perdere, e con quello che sto passando per aver perso la casa, non mi importa più nulla…»

Molti invece, che sono regolari con i pagamenti, nel periodo che intercorre da quando il nuovo acquirente si presenta chiedendo di liberare la casa al momento in cui la casa viene effettivamente liberata, cessano di pagare le forniture, dicendo: «Si arrangerà chi entrerà al posto mio, tanto io me ne vado...» lasciando così delle pendenze nelle forniture.

Fortunatamente si trova qualcuno, anche se pochi, che fino al giorno del rilascio della casa paga regolarmente tutto. Nei casi dove l'immobile è vuoto, le utenze sono quasi sempre staccate, stessa cosa per le tasse, in quanto se l'immobile è vuoto, nella maggior parte dei casi, il proprietario è irreperibile.

Spesso le utenze sono staccate non perché è stata data la disdetta dal proprietario, ma perché l'ente ha sospeso la fornitura per morosità nei pagamenti. Se il proprietario non è più reperibile, nessuno paga le bollette delle utenze per lui. La prima cosa importante da fare, appena si acquisisce il possesso della casa, è verificare che gli impianti siano a posto. Soprattutto occorre verificare che non ci siano bombole di GPL in casa collegate al piano cottura o alla caldaia. È opportuno rimuoverle al più presto, meglio se a fare la cosa è un tecnico abilitato. La situazione è pericolosissima.

Altra verifica importante riguarda l'impianto elettrico: bisogna verificare che tutti gli interruttori siano montati e funzionanti, stessa cosa per i punti di presa dell'energia; controllare anche che non ci siano fili esterni o scoperti (quando l'esecutato libera la casa smonta i lampadari, la specchiera del bagno, della lavanderia… lasciando quasi sempre i fili scoperti), fili volanti che fanno da ponte per le stanze o situazioni strane e pericolose. Se ci si trova in presenza di una di queste situazioni, è opportuno chiamare un elettricista e fargli sistemare subito l'impianto, per la propria sicurezza e per quella di chi abita vicino.

Visti i casi i cui possiamo imbatterci nelle morosità delle utenze, vediamo ora come e in che modo ci possiamo muovere per sanare queste situazioni. La questione cambia per ogni fornitura e per ogni ente, infatti ogni situazione è diversa dall'altra, a seconda di chi gestisce le forniture.

Fortunatamente molti fornitori di energia elettrica e di gas, quando si subentra in un contratto con delle pendenze, ci danno la possibilità di aprire un contratto nuovo partendo da zero. Nei contratti, infatti, sono presenti i dati personali, compreso il codice fiscale, per cui se l'esecutato libera un appartamento a Milano lasciando delle pendenze sulle forniture e si trasferisce a Roma, nel momento in cui chiederà una nuova fornitura di energia elettrica o di gas dai suoi dati anagrafici e dal codice fiscale risulterà la posizione pendente lasciata alle spalle, per cui gli verrà chiesto di saldare il debito al fine di ottenere la nuova fornitura.

Verrà quindi aperto un contratto nuovo a nome dell'acquirente, il quale pagherà solo le spese di voltura del contratto, un eventuale cauzione, e da quel momento pagherà solo l'effettivo consumo da lui effettuato, pertanto non dovrà rispondere in modo alcuno degli insoluti lasciati dal vecchio proprietario. Diversamente funziona nel caso dell'acqua: in molte realtà condominiali la fornitura di acqua viene pagata dal condominio e divisa sui millesimi, oppure vi è un contatore generale intestato al condominio al quale viene recapitata la bolletta che viene pagata dall'amministratore; egli controlla il consumo effettivo per ogni unità abitativa con i misuratori posti all'interno dei singoli appartamenti e ripartisce il costo tra i condomini secondo il consumo effettivo.

Quando ci si trova in questa situazione l'acquirente può ritenersi fortunato, in quanto il costo fisso del contatore condominiale è pagato solo una volta (per il contatore del condominio) e l'eventuale morosità del consumo di acqua, che viene appunto inserita nel conteggio delle spese condominiali, verrà pagata con esse. Il tema delle spese condominiali insolute lo vedremo nello specifico nel paragrafo successivo.

Nel caso invece vi sia un singolo contatore dell'acqua per ogni unità abitativa (il caso precedente vale solo per alcuni condomini, nel caso di case singole sicuramente non esiste una situazione tale) l'acquirente deve prendere contatto con la società che gestisce la fornitura e presentare domanda di voltura. Solitamente con il singolo contatore dell'acqua viene effettuata la semplice voltura, senza interruzione del servizio, a meno che sia già sospeso per morosità.

Nella maggior parte dei casi la società fornitrice di acqua chiede il pagamento dell'insoluto esistente da parte di chi subentra, pena la mancata fornitura o riattivazione del servizio; in alternativa, chiede di presentare domanda di nuovo allaccio: verrà installato a fianco del vecchio contatore un contatore nuovo. Ovviamente la domanda di nuovo allaccio è a carico dell'acquirente, e i tempi per lo svolgimento dei lavori possono andare dai quindici ai sessanta giorni lavorativi.

In una situazione simile spetta all'acquirente fare i conti e vedere cosa conviene di più, sia in termini economici che di tempo: ovvero se pagare l'insoluto e subentrare nella vecchia fornitura oppure presentare domanda di nuovo allaccio con i relativi tempi e costi.

Morosità delle spese condominiali e delle tasse

Quando c'è un insoluto nelle spese condominiali dobbiamo innanzitutto considerare un elemento fondamentale: se il condominio è il creditore procedente nella procedura esecutiva, oppure se interviene nella procedura esecutiva promossa da qualche altro creditore (esempio la banca) oppure no.

Questo fattore inciderà molto sulle spese condominiali insolute, in quanto se il condominio promuove la procedura esecutiva oppure vi interviene, quasi la totalità delle spese condominiali viene coperta con il ricavato dell'asta, e quindi rimane solo una piccola parte di insoluto da saldare.

Quando invece il condominio non interviene, il residuo dovrà essere saldato in parte dall'acquirente che subentra, e in parte dagli altri condomini in base alle quote millesimali di appartenenza. L'articolo 63, comma 2, delle disposizioni per l'attuazione del codice civile, recita che l'aggiudicatario subentrante nei diritti del condomino è obbligato, solidalmente con questo, al pagamento dei contributi relativi all'anno in corso e a quello precedente.

Saranno questi infatti gli importi dovuti dall'acquirente subentrante nel caso di insoluto delle spese, fatta sola eccezione nel caso in cui nell'avviso di vendita sia specificato un importo che dovrà versare l'acquirente aggiudicatario, che potrebbe riguardare l'intero importo insoluto.

In conclusione, se nell'avviso di vendita è specificato che l'acquirente dovrà saldare un determinato importo, che può riguardare anche tutte le annualità insolute, egli si dovrà attenere; in tutti gli altri casi, l'acquirente è tenuto al saldo della gestione in corso e di quella precedente.

Tutto ciò che rimane scoperto sarà saldato con il ricavato dell'asta, se il condominio è il procedente oppure interviene nella procedura esecutiva; oppure verrà ripartito tra tutti i condomini, compreso l'acquirente, in base alle quote millesimali di spettanza.

Ricordo che l'acquirente diventa proprietario il giorno in cui il giudice dell'esecuzione firma il decreto di trasferimento, pertanto l'acquirente risulta proprietario ed è tenuto a rispondere dell'insoluto condominiale da quello specifico momento.

Per quanto riguarda invece le tasse sulla casa, per esempio ICI, tassa sui rifiuti, tassa per la bonifica delle acque bianche di scolo ecc., l'acquirente paga dalla decorrenza della proprietà (firma del decreto di trasferimento da parte del giudice). Di solito fa fede il mese in cui decorre la proprietà, quindi se inizia il primo giorno del mese o l'ultimo non fa differenza.

SEGRETO n. 12: occorre informarsi preventivamente sulla morosità nelle forniture delle utenze e nelle spese condominiali, per sapere come comportarsi.

RIEPILOGO DEL CAPITOLO 3:

- SEGRETO n. 10: è importante conoscere tutte le fasi, i passaggi e le tempistiche per il rilascio del decreto di trasferimento, che trasferirà la proprietà all'acquirente sul bene acquistato.
- SEGRETO n. 11: occorre conoscere i modi e le strategie per prendere possesso dell'immobile, sia nei casi in cui è libero, sia nei casi in cui è occupato o affittato.
- SEGRETO n. 12: occorre informarsi preventivamente sulla morosità nelle forniture delle utenze e nelle spese condominiali, per sapere come comportarsi.

CAPITOLO 4:
Come rivendere un bene immobile acquistato all'asta

Irregolarità urbanistiche/catastali: come scoprirle e sanarle
Abbiamo visto nei capitoli precedenti che il tribunale con l'esecuzione forzata può vendere qualsiasi cosa, sia essa costruita con regolare concessione edilizia o meno, oppure solo in parte difforme da quanto autorizzato. Se il bene non è accatastato, il tecnico incaricato provvede all'accatastamento, ma l'immobile dal punto di vista urbanistico risulta comunque abusivo o non conforme.

Tutto ciò che non è conforme all'autorizzato viene segnalato nella perizia. Infatti, come abbiamo visto, il tecnico, in occasione del sopralluogo, confronta lo stato di fatto con la planimetria catastale e gli elaborati ritirati presso l'ufficio tecnico del comune competente: se tutto torna, significa che l'autorizzato, lo stato di fatto e quanto registrato presso il competente Catasto fabbricati è perfetto e il tecnico segnalerà la positività della situazione. Dove invece il tecnico trova delle differenze, segnala il tutto esplicitamente, pertanto sapremo da ciò come muoverci per regolarizzare la posizione.

L'unico caso dove il tecnico non è in grado di accertare tutto questo, è quando effettua la perizia senza poter accedere all'immobile. Infatti abbiamo visto che se chi occupa l'immobile oppone resistenza a farlo visionare, oppure nei casi in cui l'immobile è vuoto per cui nessuno può aprire, il tecnico può richiedere al giudice dell'esecuzione di farsi assistere da un fabbro e dalla forza pubblica per accedere forzosamente all'immobile.

Non in tutti i casi questo accade, però. Il tecnico, se ritiene di essere in grado di valutare l'immobile basandosi sulla vista dall'esterno e affidandosi agli elaborati della concessione edilizia e del Catasto, per risparmiare tempo e il costo del fabbro, fa una valutazione a corpo dell'immobile dall'esterno. Quindi, se non è potuto o non ha voluto entrare, come può confrontare lo stato di fatto con l'autorizzato e la situazione registrata al Catasto?

Questo compito, se non è stato svolto dal tecnico per il motivo che abbiamo visto, spetta ora all'acquirente che adesso, avendo accesso all'immobile, ha la possibilità di farlo. Se non è in grado da solo, in quanto non tutti hanno una preparazione tecnica sufficiente per confrontare gli elaborati della concessione edilizia con le planimetrie catastali e lo stato di fatto, può consultare un geometra.

Fortunatamente, in alcuni casi l'immobile è conforme alla concessione edilizia e difforme dalla scheda catastale, per una ridistribuzione interna degli spazi. In questo caso è sufficiente far rifare la scheda catastale da un geometra che poi provvederà a ripresentarla al Catasto. Si tratta di una spesa minima.

Il problema maggiore sorge quando la difformità sta nella concessione edilizia o nella destinazione d'uso, ovvero quando l'immobile è più grande o diverso da quanto autorizzato, oppure è autorizzato per scopi diversi, esempio magazzino o solaio sottotetto ed è utilizzato come abitazione. Va regolarizzato presentando domanda di sanatoria presso il comune competente, ovvero bisognerà incaricare un geometra di presentare tale domanda presso il comune. Egli dovrà preparare dei particolari elaborati, da allegare alla domanda, che dimostrano come l'immobile doveva essere realizzato e come è attualmente.

Verrà poi chiesto il pagamento di un'oblazione proporzionale alla metratura condonata in aumento nonché alla mutazione dell'uso dei locali (per esempio, da ufficio ad abitazione, da magazzino ad abitazione, da sottotetto ad abitazione).

Attenzione: non sempre il comune accetta la domanda di sanatoria. Esistono infatti dei particolari vincoli che impediscono di sanare alcune situazioni. Per esempio nei centri storici, dove non è previsto un aumento di volume ma l'obbligo del mantenimento dello stato di fatto, non verrà accettata una sanatoria che prevede un volume maggiore di quanto era stato autorizzato. Stessa cosa per i sottotetti: per trasformare un sottotetto in abitazione è importante che l'altezza media (differenza tra l'altezza più alta e quella più bassa) abbia un determinato valore. Se ciò non sussiste, il sottotetto non ha i requisiti per diventare un'abitazione e quindi non può essere sanato.

SEGRETO n. 13: occorre sanare tutte le irregolarità urbanistiche e catastali sul bene immobile di proprietà prima di rivendere l'immobile stesso.

Di queste situazioni, è bene tenerne conto dai dati che emergono dalla perizia prima di partecipare all'asta. Se un acquirente pensa di ottenere un'abitazione al prezzo di un ripostiglio, convinto di poterlo sanare sempre e in ogni caso, si sbaglia. Ciò è possibile, come abbiamo visto, solo in alcuni casi. Nei casi dove non è possibile il cambio d'uso, verrà mantenuta la destinazione attuale, mentre dove è stato aumentato il volume che non può essere sanato, bisognerà demolire l'immobile nelle parti in eccedenza e ripristinare il volume autorizzato. Ogni immobile, a seconda della destinazione d'uso per cui è stato costruito, deve avere dei requisiti di altezza, illuminazione, aerazione, funzionalità, accessibilità: l'abitazione come abitazione, il magazzino come magazzino, il box come box.

Documenti da presentare al notaio per rivendere l'immobile

Quando ci troviamo a rivendere l'immobile acquistato, il notaio, oltre ai nostri dati e documenti personali, ci chiede della documentazione riguardante l'immobile. La prima cosa che sicuramente ci verrà chiesta è il decreto di trasferimento in copia conforme che, come abbiamo visto, riporta lo storico della provenienza dell'immobile, i suoi dati catastali, il modo in cui ci è pervenuto, nonché gli estremi della licenza edilizia che gli ha dato origine (fatta eccezione per gli immobili antecedenti al primo settembre 1967, ove non sussisteva l'obbligo di presentare la richiesta di concessione edilizia), l'agibilità/abitabilità e la regolarità o meno di quanto autorizzato con quanto esistente.

Se sono presenti delle irregolarità (abbiamo visto come vanno regolarizzate nel paragrafo precedente), dobbiamo allegare la relativa documentazione comprovante l'avvenuta accettazione della sanatoria da parte del comune competente e le prove dell'avvenuto pagamento dell'oblazione. Delle concessioni edilizie ed eventuali varianti citate nel decreto di trasferimento, nonché del certificato di abitabilità/agibilità, dobbiamo allegare copia originale. Se presenti nella perizia, in quanto allegate dal tecnico, basterà estrarle, se non presenti bisognerà rivolgersi all'ufficio tecnico del comune competente e richiederne una copia.

È necessaria anche la copia della planimetria dell'immobile e degli eventuali accessori, la quale deve essere conforme allo stato di fatto. Se così non è, sarà compito del venditore, a propria cura e spese, far redigere nuova copia della planimetria. Ricordo che dal primo luglio 2009 esiste una precisa legge in cui il venditore è obbligato a dichiarare nel rogito, sotto la propria responsabilità, che la planimetria corrisponde allo stato attuale dei luoghi. Nel caso che il venditore dichiari il falso, si rischia l'annullamento dell'atto di vendita, con le relative conseguenze.

L'ACE, ovvero l'attestato di certificazione energetica, è un altro dei documenti necessari per rivendere un immobile. Esso, come abbiamo visto, viene redatto solo in alcuni casi, ovvero quando l'immobile dispone di un impianto di riscaldamento con caldaia funzionante, anche se non tutti i giudici dell'esecuzione (a seconda del tribunale per cui operano) richiedono al tecnico incaricato di redigere la perizia e di produrre tale certificato. L'attestato ha una durata di dieci anni dalla data di emissione (la data di validità è stampata sul bordo sinistro della prima pagina del certificato), a condizione che l'immobile e il relativo impianto di riscaldamento non abbiano subito modifiche; pertanto, se la rivendita avviene nel periodo di validità dell'attestato, con l'immobile e l'impianto termico nelle medesime condizioni del periodo di redazione dell'attestato stesso, basterà chiedere una copia conforme del predetto attestato.

La copia conforme può essere richiesta dal tecnico che lo ha redatto. Infatti, oltre alle copie che vengono consegnate al cliente o al tribunale, egli ne conserva sempre una per sé. Per gli attestati rilasciati entro l'anno 2010 vigeva l'obbligo di depositarne una copia presso il comune, quindi solo per gli attestati rilasciati entro quella data è possibile recarsi presso l'ufficio tecnico del comune per chiederne copia conforme.

Nel caso in cui l'immobile, pur avendo l'impianto termico, non dispone di un attestato ACE, in quanto non richiesto dal giudice dell'esecuzione, oppure dispone dell'attestato ma ha subito ristrutturazioni alle parti murarie o all'impianto di riscaldamento (compresa la sostituzione della sola caldaia), necessita della redazione di nuovo attestato ACE. È sufficiente contattare un tecnico iscritto all'albo dei certificatori energetici.

Se l'impianto non è presente, o manca la caldaia, serve una dichiarazione del tecnico certificatore, il quale sottoscrive l'impossibilità a redigere l'attestato di certificazione energetica per l'assenza dell'impianto di riscaldamento o della caldaia.

Con questo la documentazione è al completo: ricordo che il notaio, per legge, ispezionerà il ventennio precedente alla data in cui il venditore vende l'immobile, sia dal punto di vista dei passaggi di proprietà che delle iscrizioni e trascrizioni ipotecarie.

Il decreto di trasferimento è molto sintetico, riporta solo gli estremi delle concessioni edilizie (se presenti), dell'abitabilità/agibilità, delle formalità pregiudizievoli che esistevano di cui viene ordinata la cancellazione. Questo perché chi lo emette, sia il giudice dell'esecuzione o un eventuale professionista delegato alla vendita, ha per legge la facoltà di citare solo sinteticamente questi elementi, senza riportare lo storico ventennale e tutti i passaggi in dettaglio. Il decreto di trasferimento riporta inoltre, come abbiamo visto, il modo in cui l'immobile è pervenuto al debitore, con i relativi estremi di registro. Sia esso un atto volontario di compravendita, una successione ereditaria, una divisione o assegnazione di beni, o qualsiasi altra ragione che ha permesso al debitore esecutato di divenire proprietario del bene che gli è stato espropriato.

Questo documento è sicuramente più completo, riporta più in dettaglio tutte le informazioni relative agli estremi della costruzione, delle servitù esistenti, degli eventuali diritti di passo e altri diritti presenti, come convenzioni di lottizzazione con i comuni, servitù di passo per metanodotti, elettrodotti, reti fognarie ecc. che ovviamente, anche se non citati nel decreto di trasferimento, sono comunque validi ed esistenti. Sarà quindi dalla provenienza del bene all'esecutato che il notaio troverà le complete informazioni inerenti la vita e la situazione dell'immobile che si va a rivendere. Sulla base di esso infatti, confrontandone la corrispondenza con il decreto di trasferimento, redigerà il testo del nuovo rogito notarile.

SEGRETO n. 14: è importante conoscere i documenti necessari al notaio per rivendere il nostro immobile poiché, nel caso ne mancasse qualcuno, dovremmo provvedere a procurarcelo.

Quali garanzie si assume chi vende verso il nuovo acquirente

Tengo a sottolineare una cosa, in quanto succede spesso ai clienti che vogliono rivendere un bene acquistato all'asta: sono diversi gli acquirenti che cercano di acquistare un immobile e rivenderlo in breve tempo per speculazione, ma non bisogna mai omettere che dal niente non viene niente, i soldi non piovono dal cielo, e di semplice al mondo non esiste nulla.

È vero che il tribunale vende tutto: l'autorizzato, l'abusivo, immobili belli o brutti che siano, occupati con titolo o senza, locati o no, e lo vende forzosamente senza sistemare le incongruità che rimangono sulle spalle di chi ha acquistato. Ciò avviene in quanto la vendita è necessaria per risanare dei debiti, e spesso il prezzo di vendita dell'immobile tiene conto delle incongruità e delle problematiche relative all'immobile stesso.

Da qui dobbiamo quindi renderci conto di una cosa: l'eventuale prezzo ridotto degli immobili non è un regalo a nostro favore, ma un compenso alle relative problematiche da sistemare, compresa la lunga tempistica necessaria per ottenere la proprietà e poi il possesso del bene, con tutti gli ostacoli che, come abbiamo visto, emergono lungo il cammino. Ma è giusto che sia così. È giusto che la vendita forzosa venga fatta in tempi brevi ed è ovvio che il pezzo di vendita debba tener conto dei relativi problemi e delle situazioni non congrue da sistemare.

Immaginiamo di essere noi a sottoporre a pignoramento un bene immobile verso una persona che ha dei debiti verso di noi, o nel caso di una vendita giudiziale, dove vendiamo all'asta un bene che non riusciamo a dividere con i cointestatari. Oppure, che fallisce l'azienda per cui lavoriamo e aspettiamo che vengano venduti i beni rimasti alla luce del sole per racimolare i soldi con cui verranno pagati i nostri stipendi arretrati.

È nostro interesse è che venga venduto tutto al più presto, per recuperare i soldi che ci spettano. Cosa diremmo se il bene non potesse essere venduto per una lieve difformità della scheda catastale, o per un volume maggiore realizzato in maniera non autorizzata, o solo perché manca l'attestato di certificazione energetica? O magari per le annualità insolute del condominio? Noi vorremmo che venga venduto così com'è, e anche velocemente, perché dobbiamo riavere i nostri soldi.

È ovvio però che nel momento in cui andiamo a rivendere il bene immobile acquistato, dobbiamo dare delle garanzie al nuovo acquirente, perché a questo punto l'acquirente non acquista dal tribunale, il quale vende nello stato di fatto per recuperare dei soldi, ma acquista da una persona che vende volontariamente e quindi le cose devono essere a posto.

Ho assistito a un paio di casi di clienti che mi hanno offerto degli immobili acquistati all'asta, dicendomi che preferivano venderli a me per qualcosa di meno ma in tempi brevi, in quanto avevano necessità di soldi, piuttosto che aspettare i lunghi tempi odierni per vendere gli immobili ad altri privati a prezzi di mercato; però con molte difformità da sanare, impianti non a norma, spese di condominio non pagate ecc.

Nel momento in cui ho detto che potevo valutare un eventuale acquisto immediato, ma solo dopo che fosse tutto sistemato, anche perché la situazione attuale mi impediva di effettuare un rogito di compravendita vista la mancanza di regolarità di molte cose, oltre a non poter rivendere il bene ad altri futuri acquirenti, la risposta che ho ottenuto è stata questa: «Il tribunale me lo ha dato così e io così te lo rivendo». Purtroppo, anche chiedendo al venditore uno sconto sul prezzo di vendita per permettermi di coprire i vari costi di sanatoria, adeguamento delle spese condominiali e redazione della documentazione mancante, l'immobile si trovava in una situazione tale da non poter essere rogitato per irregolarità e incompletezza della documentazione.

Chi rivende un immobile risponde verso chi acquista del pagamento delle spese condominiali, ordinarie e straordinarie, fino al giorno in cui vende, in quanto egli è il proprietario; risponde inoltre di consumo acqua e utenze (gas, energia elettrica), tassa per lo smaltimento dei rifiuti e di scolo delle acque, eventuale ICI (a breve verrà sostituita dall'IMU). Risponde inoltre del corretto funzionamento degli impianti, elettrico e di riscaldamento, dovendo presentare l'attestato di conformità dell'impianto a regola d'arte, secondo la normativa vigente. Nei casi dove l'attestato di conformità non è presente, sia per smarrimento, sia perché non è mai stato rilasciato, è necessario chiamare un tecnico abilitato chiedendo di ispezionare l'impianto in tutte le sue parti per poi rilasciare il relativo certificato di conformità.

Può darsi che alcune parti degli impianti non siano attualmente regolari con l'attuale normativa, per cui il tecnico da noi incaricato ci chiederà il consenso per procedere alla sostituzione delle parti non adeguate al fine di redigere il certificato di conformità, in quanto la responsabilità della conformità dell'impianto appartiene al tecnico dal momento in cui rilascia il certificato; pertanto, la responsabilità di eventuali danni causati al proprietario o a terzi dal malfunzionamento dell'impianto stesso per l'inadeguatezza di una o più delle sue parti, è ritenuta a carico del tecnico che ne certifica la conformità.

L'ultima cosa di cui risponde il venditore verso l'acquirente è la conformità edilizia/urbanistica/catastale dell'immobile. Infatti il venditore dichiara, sotto la propria responsabilità, la veridicità nel rogito di vendita, i riferimenti allo stato di fatto dell'immobile e alle concessioni edilizie che gli hanno dato origine, così come la dichiarazione di agibilità/abitabilità del fabbricato e di eventuali servitù o gravami a favore di terzi gravanti sull'immobile o sulle pertinenze ad esso correlate.

Rivendita di immobili agricoli e industriali

Nei paragrafi precedenti ho trattato con precisione tutte le informazioni riguardanti gli immobili ad uso abitativo in quanto, oltre a essere quelli maggiormente presenti per numero nelle aste giudiziarie, spesso e volentieri sono quelli che suscitano maggiormente l'interesse dei privati.

Solitamente, un industriale che è interessato all'acquisto di un capannone o un imprenditore agricolo che vorrebbe acquistare un terreno proveniente da un'asta, ne sanno già abbastanza in quanto con la loro attività sono più informati sul tema; però, dato che il mio scopo è di mettere a conoscenza dalla A alla Z chi legge questo corso su tutto ciò che riguarda l'acquisto all'asta immobiliare, vedremo anche questo tema nello specifico.

Sostanzialmente funziona nello stesso modo. Infatti, tutta la parte che riguarda la scelta dei beni immobili, la loro valutazione, la partecipazione all'asta e la decorrenza della proprietà e della rivendita, è identica. Varia in sostanza la tassazione sull'acquisto, la destinazione d'uso e, solo in alcuni casi, la presa del possesso. Vediamo di cosa si tratta.

Per quanto riguarda i terreni, l'imposta di registro ammonta al 18% sul prezzo di acquisto. Abbiamo visto che, nel caso di immobili ad uso abitativo, l'imposta di registro è del 3% se l'acquirente acquista come prima casa o del 10% se acquista come seconda casa. Nel caso dei terreni invece ammonta al 18%.

Una "bella fetta" quindi, e di questo particolare ne dobbiamo tener conto nella fase di valutazione del bene, in quanto è un costo che dobbiamo sostenere. Se acquistiamo un terreno il cui valore di partenza all'asta è di 200.000 euro, sappiamo che, senza effettuare rilanci, nel caso abbiamo la fortuna di aggiudicarcelo per il prezzo base, ci costerà già 236.000 euro con l'imposta di registro. Aggiungiamo le altre imposte che abbiamo visto e il costo per l'emissione del decreto di trasferimento. L'unica agevolazione fiscale per l'acquisto appartiene agli agricoltori e/o imprenditori agricoli, i quali hanno diritto di scontare l'1% di imposta di registro anziché il 18%.

Se effettuiamo dei rilanci, oltre al costo dei rilanci stessi dobbiamo fare i conti con l'aumento dell'imposta di registro proporzionale alla crescita del prezzo di aggiudicazione.

Nel caso di terreni agricoli irrigui, soprattutto quelli della pianura destinati a coltivazione, dobbiamo verificare se è presente il canale d'irrigazione o un eventuale pozzo per il pompaggio dell'acqua. Questo comporta il pagamento di una tassa a favore dell'ente o della società che gestisce le irrigazioni. La tassa è proporzionale alla superficie del terreno; il valore di solito è assai rilevante per cui, prima di procedere all'acquisto, è bene informarsi presso l'ente gestore sull'ammontare della tassa tramite il mappale (o i mappali) interessati dalla procedura esecutiva, in quanto il tecnico che redige la perizia non è tenuto a citarlo.

Per i terreni agricoli (compresi quelli boschivi e quelli agricoli a prato non coltivati) esiste il "diritto di prelazione" a favore degli agricoltori confinanti; ovvero se il nostro terreno confina su uno o più lati con un terreno di proprietà di un agricoltore, nel momento in cui lo vogliamo vendere egli ha il diritto per primo di acquistarlo, se invece fornisce una rinuncia scritta alla prelazione sul diritto di acquisto possiamo venderlo a chiunque. La vendita a un terzo senza la rinuncia a tale diritto di un agricoltore confinante per sua insaputa può comportare, da parte di quest'ultimo, l'impugnazione del rogito di vendita con il conseguente annullamento.

Per quanto riguarda i terreni edificabili, va pagata al comune di appartenenza una tassa (una sorta di ICI) sulla volumetria edificabile. Le norme del PRG, a seconda della zona in cui ricade il terreno, assegnano una determinata percentuale di metri cubi per ogni metro quadrato di superficie; tale volumetria, conosciuta anche come "cubatura", corrisponde alla superficie in metri cubi che si può edificare su quel determinato terreno.

Per conoscere la zona in cui il terreno ricade e la relativa superficie in metri cubi, è necessario richiedere al comune in cui si trova il terreno il certificato di destinazione urbanistica (CDU). Tale documento ha validità di un anno dalla data del rilascio, e indica la zona in cui ricade il terreno, la volumetria in metri cubi ad esso appartenente, i limiti di edificabilità e le eventuali limitazioni. Tale documento è necessario in caso di vendita dell'immobile in quanto va allegato al rogito.

Gli immobili industriali, invece, molto spesso provengono da un fallimento anziché da un'esecuzione, per cui la tassazione per il trasferimento, che è sempre del 10% sul prezzo di aggiudicazione, sarà dovuta come imposta di registro se il bene proviene da esecuzione, mentre invece se proviene da fallimento sarà dovuta come IVA da versarsi al fallimento stesso, nella persona del curatore fallimentare.

SEGRETO n. 15: le normative che riguardano l'acquisto e la rivendita per i terreni agricoli, i terreni edificabili e gli immobili industriali differiscono solo parzialmente da quelle per gli immobili a scopo abitativo.

RIEPILOGO DEL CAPITOLO 4:

- SEGRETO n. 13: occorre sanare tutte le irregolarità urbanistiche e catastali sul bene immobile di proprietà prima di rivendere l'immobile stesso.
- SEGRETO n. 14: è importante conoscere i documenti necessari al notaio per rivendere il nostro immobile poiché, nel caso ne mancasse qualcuno, dovremmo provvedere a procurarcelo.
- SEGRETO n. 15: le normative che riguardano l'acquisto e la rivendita per i terreni agricoli, i terreni edificabili e gli immobili industriali differiscono solo parzialmente da quelle per gli immobili a scopo abitativo.

Conclusione

Siamo giunti al termine, e spero vivamente che chiunque abbia letto questo corso con l'intenzione di acquistare un immobile all'asta, abbia ben chiari i quattro aspetti fondamentali: ovvero la **scelta della fonte** di annunci delle aste giudiziarie, con la relativa valutazione dell'immobile, capire se è libero, occupato, e in che modo si può far liberare dall'esecutato quando possibile; trovato l'immobile, **come partecipare all'asta**, sapere dove si svolge e come comportarsi a seconda se ci troviamo di fronte all'asta senza incanto o all'asta con incanto. Inoltre, come chiedere un mutuo per acquistare un immobile all'asta. Aggiudicata l'asta, **come procedere al saldo**, diventando aggiudicatari definitivi, e come procedere allo sgombero dell'immobile da parte dell'esecutato o degli occupanti senza titolo, per prenderne il possesso. Conseguentemente a ciò, come subentrare nelle utenze e nel condominio, sapendo esattamente in caso di morosità quali spettano all'acquirente e quali no. Infine, per rivendere in futuro il bene acquistato, **come individuare le eventuali irregolarità** urbanistiche e catastali e come sanarle, nonché sapere tutti i documenti necessari da presentare al notaio per la rivendita e dove reperirli, le garanzie che ci si assume nei confronti del nuovo acquirente e la tassazione sui passaggi di proprietà di beni immobili a seconda della loro natura e destinazione, aspetto anch'esso importante in quanto incide sui costi di vendita.

Questa strategia, che io stesso applico nella scelta degli immobili che acquisto personalmente attraverso la mia società immobiliare, è impegnativa, ma vi dà la certezza di scegliere l'immobile giusto per voi e soprattutto vi consentirà di conoscere in anticipo la tempistica necessaria per ottenere il possesso di un immobile acquistato, in quanto non corrisponde alla data di acquisto come nel rogito notarile.

Potrete capire da subito se tale tempistica è compatibile con le vostre esigenze per occupare la casa che intendete acquistare entro il tempo a vostra disposizione, onde evitare di incappare in brutte sorprese. Inoltre avrete la sicurezza dell'inesistenza di vincoli che possano compromettere la liberazione dell'immobile acquistato da parte degli esecutati, nonché dei vincoli che possano impedire, in futuro, la rivendita del bene stesso. Detto questo, non vi resta che iniziare a scegliere la vostra prossima casa all'asta e valutarla con i miei insegnamenti, con l'augurio di trovare velocemente l'immobile più adatto alle vostre esigenze e di riuscire ad aggiudicarvelo.

Buone aste a tutti!

www.ingramcontent.com/pod-product-compliance
Ingram Content Group UK Ltd.
Pitfield, Milton Keynes, MK11 3LW, UK
UKHW022015190726
13853UKWH00005B/1943